Herbert Januschkowetz

Einfache Drachen selber bauen

ENGLISCH VERLAG

Die Deutsche Bibliothek – CIP-Einheitsaufnahme
Einfache Drachen selber bauen/Herbert Januschkowetz. – Wiesbaden: Englisch, 1998
ISBN 3-8241-0800-3

© by F. Englisch GmbH & Co Verlags-KG, Wiesbaden 1998
ISBN 3-8241-0800-3
Fotos: Frank Schuppelius
Herstellung: Michael Feuerer
Printed in Spain

Inhaltsverzeichnis

Vorwort

Dieses Buch soll eine kleine Einführung in das Hobby „Drachenbauen" sein.

Alle Drachen sind Grundmodelle und in ihrer Konstruktion sehr einfach gehalten. Es handelt sich um Modelle, die zum Teil schon seit meiner Kinderzeit bekannt sind und sich als voll flugtauglich erwiesen haben. Die Formen sind unterschiedlich, das Prinzip ist gleich.

Die meisten Modelle fallen unter die Kategorie „Starre Flachdrachen". Lediglich der Schlittendrachen, auch Müllsackdrachen genannt, ist ein halbflexibler Drachen.

Als dreidimensionales Modell stelle ich Ihnen einen starren Kastendrachen vor.

Bei der Gestaltung der Bespannung und der Schwänze sind Ihrer Fantasie keine Grenzen gesetzt.

Obwohl man heute Drachen fix und fertig kaufen kann, macht es doch viel mehr Spaß, wenn sich ein selbst gebauter „Windiger Geselle" in die Luft erhebt.

Ich wünsche Ihnen viel Spaß beim Bau und immer einen günstigen Wind!

Herbert Januschkowetz

Material und Werkzeug

Für den Bau der hier gezeigten Drachen brauchen Sie keine Werkstatt.

Folgende Werkzeuge sollten Sie sich bereit legen:
♦ Metallsäge zum Schneiden der Leisten und zum Einkerben. Die Metallsäge ist etwas breiter als eine normale Feinsäge. Durch die Einkerbungen können Sie die Schnüre 2-mal durchziehen.
♦ Schere und Cutter zum Schneiden der Bespannung und des Materials für Schwänze, Quasten und Stabilisierungsbänder
♦ Zollstock
♦ mindestens 30 cm langes Lineal, Bleistift zum Anzeichnen
♦ Klebefilm zum Umwickeln der Stäbe gegen Aufspleißen
♦ Alleskleber zum Sichern der Holzverbindungen und Knoten
♦ Bastlerschraubzwingen
♦ Holzleim zum Aufleimen der Schnur- und Spreizstabhalter
♦ dicker, wasserfester Filzstift

Für den Kastendrachen auf Seite 30 benötigen Sie außerdem:
♦ großes Hexagon
♦ spitzes Rechteck
♦ kleine Vierkantfeile

Die benötigten Materialien erhalten Sie in folgenden Geschäften:

Heimwerkermarkt
♦ Kiefervierkantleisten, 6 x 6 mm
♦ Buchenrundstäbe, 6 und 8 mm Durchmesser
♦ Holzleim

Schreibwaren- oder Drachengeschäft
♦ Bespannungsmaterial
♦ Spannschnur
♦ glasfaserverstärkter Kunststoffstab, 3 mm Durchmesser
♦ Drachenschnur mit Haspel oder Rolle
♦ Alleskleber
♦ Klebefilm

Eisenwaren- oder Anglerfachgeschäft
♦ Schlüsselringe
♦ Anglerwirbel

Den genauen Material- und Werkzeugbedarf finden Sie bei den einzelnen Modellen.

Anglerwirbel und Schlüsselring

Grundanleitung

Gerüst

Für fast alle Modelle werden Kiefernleisten (6 x 6 mm) verwendet. Ausnahme ist Modell Nr. 2, der Schlittendrachen. Hier werden Buchenrundstäbe (∅ 6 mm) verwendet. Wenn die Kiefernleisten zugeschnitten sind (6 x 6 mm), schneiden Sie mit einer Säge die Kerbe für die Spannschnur (Zeichnung auf dem Vorlagebogen, siehe 1. Spitzdrachen). Vor dem Sägen umwickeln Sie die Leisten mit 2–3 Lagen Klebefilm. Das verhindert das Aufspleißen.

Der Bogen des Spitzbogendrachens (Nr. 10) besteht aus einem glasfaserverstärkten Kunststoffstab, Durchmesser 3 mm.

Für die umlaufenden Schnüre sowie für die Schnurverbindungen der Leisten wird eine Hanfschnur von ca. 1,5 mm Durchmesser verwendet. Gegenüber den Kunststoffschnüren hat die Hanfschnur den Vorteil, dass der erste Knoten nicht so leicht wieder aufrutscht, wenn Sie den zweiten darüberlegen. Alle Knoten und Kreuzverbindungen werden mit Klebstoff gesichert.

Wenn Sie die Gerüststäbe beim Zusammenbinden und Spannen der Schnur auf eine Unterlage mit einem gezeichneten Kreuz oder einem Sechseck legen, erleichtern Sie sich die Montage sehr. Ideal ist es, wenn Sie die Stäbe festspannen können.

Bei der Montage der Drachen mit einer zweischenkligen Waage müssen Sie wegen der Gewichtsverteilung der Querstäbe sehr sorgfältig arbeiten. Das erleichtert Ihnen nach dem Anbringen der Bespannung das Ausbalancieren.

Bespannung

Für die vorgestellten Modelle habe ich Bucheinbindepapier, Geschenkpapier, farbiges Transparentpapier, Müllsäcke und farbige Einkaufstüten aus Plastik als Bespannmaterial verwendet.

Legen Sie das Drachengerüst auf das Bespannmaterial und schneiden Sie den Umriss ca. 2–3 cm größer aus. Die Ecken müssen entsprechend freigeschnitten werden. Bestreichen Sie das Papier und die Schnur mit Klebstoff und legen Sie es über die Schnur nach innen um. Drücken Sie die Klebeflächen gut an. Nun können Sie die Vorderseite bemalen oder bekleben. Wenn Sie Ausschnitte anbringen und mit andersfarbigem Material hinterlegen möchten, müssen Sie das vor dem Bespannen tun. Wenn Sie als Bespannung Plastikfolie verwenden, gehen Sie wie beim Papier vor. Zum Kleben verwenden Sie hier allerdings durchsichtiges Klebeband von mindestens 20 mm Breite. (Isolierband hat sich nicht bewährt.)

Drachenwaagen

Für alle Drachenwaagen verwenden Sie ein Stück von Ihrer Drachenschnur.
Befestigen Sie die Waagenschnüre wie auf Bild 1 gezeigt. Bevor Sie mit einer Nadel

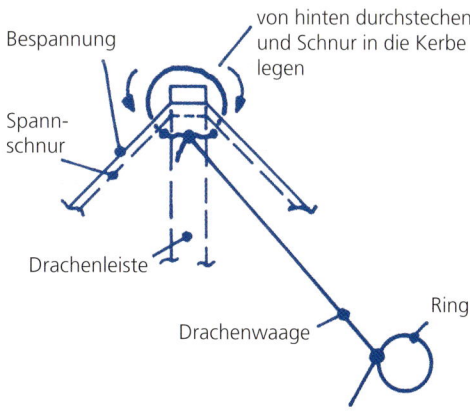

Bild 1: Befestigung der Drachenwaage

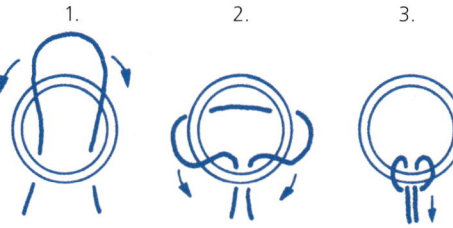

die Bespannung durchstechen, bringen Sie zur Verstärkung ein Stück Klebefilm auf.

In den Bauanleitungen sind Grobmaße für die obere und untere Schnurlänge angegeben. In der Länge geben Sie etwas zu, damit Sie genug zum Knoten haben.

Nach dem Anbringen der Waage legen Sie den Drachen mit der Bespannung nach oben auf eine ebene Fläche. Heben Sie den Drachen an seiner Waage an. Er muss nun über seiner Längsachse rechts und links völlig im Gleichgewicht sein. Ist er das nicht, gleichen Sie das Gewicht mit aufgeklebten Papier- oder Kartonstreifen aus (s. Abb.). Wenn das Gewicht nicht ausreicht, verwenden Sie kleine Holzstückchen.

Zweischenklige Waage

Jede Drachenwaage muss einstellbar sein. Bei der zweischenkligen Waage geschieht das mittels eines Ringes. Ich habe Schlüsselringe mit einem Innendurchmesser von 14–18 mm verwendet.

Zum Einstellen heben Sie den Drachen an der Waage hoch. In etwa ein Drittel der Drachenlänge von oben befestigen Sie den Ring wie auf Bild 2 zu sehen. Der Drachen

hängt nun etwa 15–20° schräg. Die obere Schnurlänge ist immer kürzer als die untere. Je nach Windverhältnissen müssen Sie den Ring vor dem Start neu einstellen. Als Faustregel gilt: Bei leichtem Wind verschieben Sie den Ring nach unten (Drachen steht steiler am Wind). Bei stärkerem Wind wird der Ring nach oben geschoben (Drachen steht flacher am Wind).

Dreischenklige Waage

Die beiden oberen Waagenschenkel sind aus einem Stück Schnur, an der Sie den Zugring befestigen. Auch diese Waage muss einstellbar sein. Deswegen befestigen Sie am unteren dritten Waagenschenkel die selbst gefertigte Einstellhilfe nach Bild 3. Sie besteht aus einem 8 mm dicken Buchenrundstab.

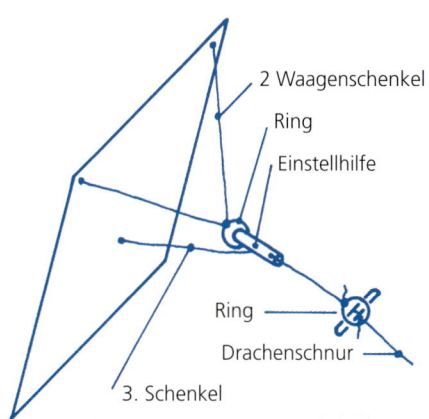

Bild 3: 3-schenklige Waage

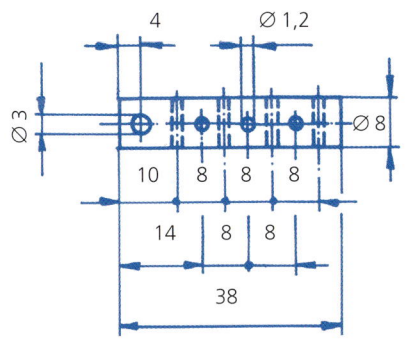

Einstellhilfe

Bohren Sie nach der Zeichnung: 1 Loch (ca. 3 mm Ø) für den Ring und 7 Löcher (jeweils 90° versetzt von ca. 1,2 mm Ø). Die genauen Durchmesser richten sich nach der Ringdicke und der Dicke der Drachenschnur (durch Versuch ermitteln).

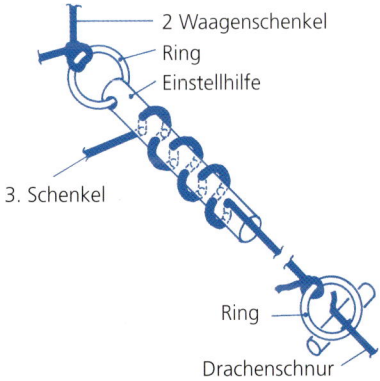

Schnurverlauf an der Einstellhilfe

Ziehen Sie nun die Schnur des 3. Schenkels durch die in der Lage versetzten Löcher. Durch die Richtungsänderung der durchgezogenen Schnur verklemmt sich bei Zug das Seil, ist aber jederzeit leicht lösbar, also einstellbar.
Ob Sie alle Löcher verwenden müssen, hängt von der Oberflächenbeschaffenheit der Schnur ab. Ist die Schnur glatt, benutzen Sie alle Löcher. Ist sie etwas rau, genügen meist weniger Löcher.

Schwänze

Ich habe 5 Arten von Schwänzen verwendet: Maschenschwanz, Quastenschwanz, einfacher Bandschwanz, doppelter Bandschwanz und Bandschlaufenschwanz.
Sie sind aus Papier und Kunststofffolie gefertigt. Auch Baustellenabsperrband können Sie verwenden.

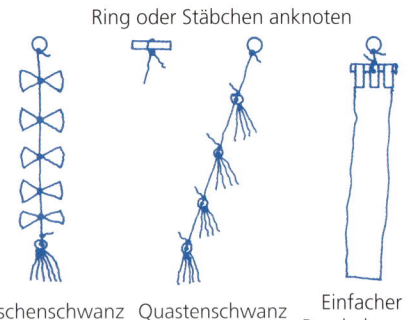

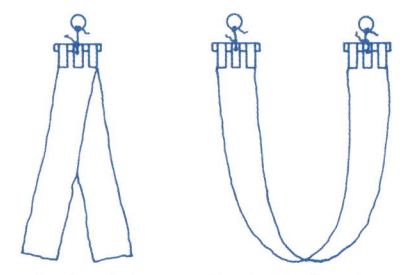

Bild 4: Schwänze

Die Schwänze fertigen Sie gemäß der Bilder 5 und 6 an.

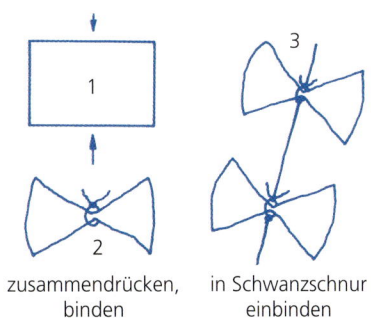

Bild 5: Maschenschwanz herstellen

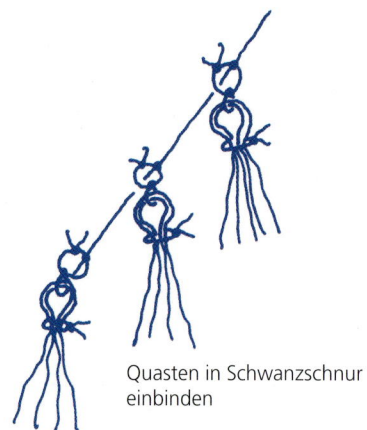

Quasten in Schwanzschnur
einbinden

Bild 6: Quastenschwanz herstellen

Beim Band- und Bandschlaufenschwanz
bringen Sie Verstärkungen an (siehe Bild 7).
Alle Schwänze, Quasten und Stabilisierungs-
bänder sollten abnehmbar sein. Befestigen
Sie deshalb am Drachen nach Bild 8 und 9
Anglerwirbel.

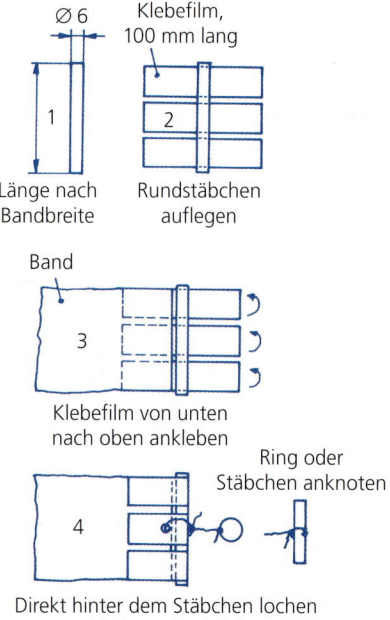

*Bild 7: Verstärkung Bandschwanz und
Bandschlaufenschwanz*

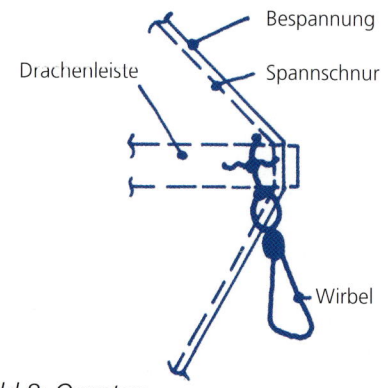

*Bild 8: Quasten-
und Stabilisierungsbänder befestigen*

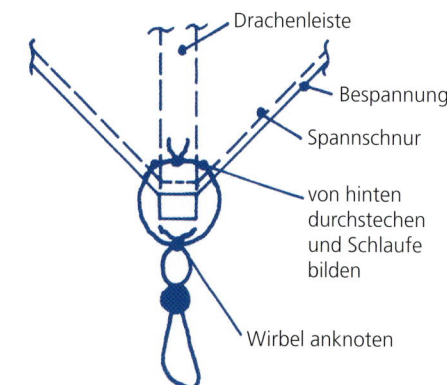

Bild 9: Schwanzbefestigung

Quasten und Stabilisierungsbänder fertigen
Sie nach Bild 10 und 11 an.

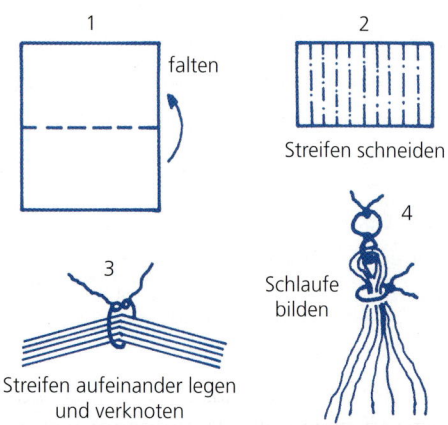

Bild 10: Quaste anfertigen

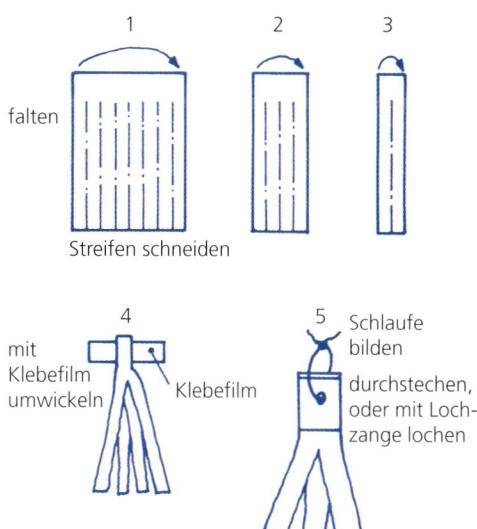

1 2 3

falten

Streifen schneiden

4

mit Klebefilm umwickeln   Klebefilm

5 Schlaufe bilden

durchstechen, oder mit Lochzange lochen

Bild 11: Stabilisierungsband anfertigen

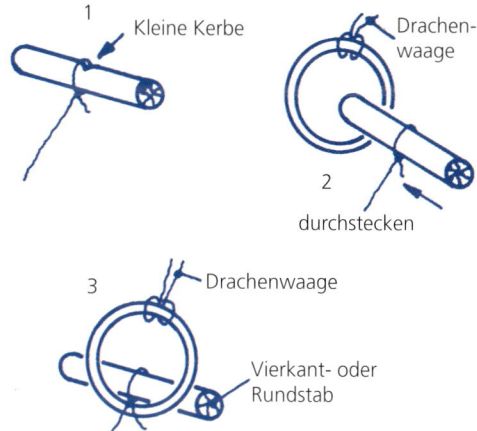

1 Kleine Kerbe

Drachen-waage

2 durchstecken

3 Drachenwaage

Vierkant- oder Rundstab

Drachenschnur

Bild 12: Drachenschnur an der Waage befestigen

Maschen- und Quastenschwänze bringen gute Stabilität, verheddern sich aber leicht. Außerdem drehen sie sich im Wind. Band- und Bandschlaufenschwänze verwendet man bei größeren Drachen.

Drachenschnüre

Für kleinere Drachen verwenden Sie Schnüre aus Naturfasern, z. B. Flachs.
Für größere Drachen mit höherem Zug verwenden Sie Kunststoffschnüre. Bei guten Schnüren ist die Belastbarkeit angegeben. Sichern Sie die Schnurenden gegen Aufdrehen, bei Naturfasern mit etwas Klebstoff und bei Kunststoff durch Verschmelzen mit einem Feuerzeug.
Die Befestigung am Drachen erfolgt mit einem Stäbchen durch den Ring an der Drachenwaage (siehe Bild 12). Versehen Sie das Stäbchen unbedingt mit einer kleinen Kerbe, damit die Schnur nicht abrutschen kann. Wenn Sie eine Drachenschnur kaufen, ist sie meistens auf eine Haspel oder Rolle aus Kunststoff gewickelt. Das Angebot hier ist reichhaltig.

Bevor Sie den Drachen steigen lassen, wickeln Sie etwa die Hälfte der Schnur ab, damit der Drachen genügend Bewegungsfreiheit hat. Vermeiden Sie auf jeden Fall, die Schnur im nassen Zustand oder unter Zug aufzuwickeln. Das gilt besonders für Schnüre aus Naturfasern. Lassen Sie die Schnur vor dem nächsten Start trocknen.

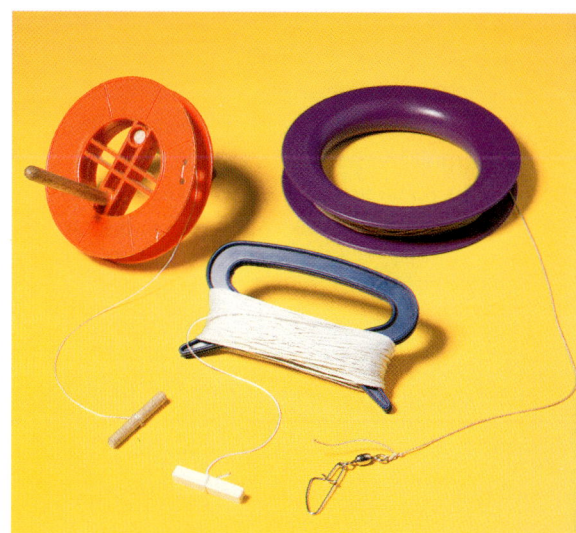

1. Spitzdrachen

Material
♦ 1 Fichten-Vierkantleiste, 6 x 6 x 700 mm
♦ 1 Fichten-Vierkantleiste, 6 x 6 x 600 mm
♦ dünne Hanfschnur
♦ Bucheinbindepapier, ca. 40 cm breit
♦ Alleskleber, Klebefilm
♦ Kunststofffolie (für Quasten, Streifen- und Maschenschwanz)
♦ Drachenschnur
♦ 1 Schlüsselring
♦ 3 Anglerwirbel

Werkzeug
♦ Metallsäge
♦ Schere
♦ Zollstock
♦ Lineal
♦ Bleistift

Maße
Schwanzlänge: Maschenschwanz 2–3 m lang, bei stärkerem Wind länger
Zweischenklige Waage:
oben ca. 50 cm, unten ca. 60 cm

Bauanleitung
Schneiden Sie die Längs- und Querleisten zu. Markieren Sie die Kreuzungspunkte. Umwickeln Sie die Leistenenden vor dem Einschneiden mit 2–3 Lagen Klebefilm. Schneiden Sie die Schlitze für die Spann-schnur 4–5 mm tief mit der Metallsäge in den Klebefilm.

Verbinden Sie Längs- und Querstab am markierten Punkt mit Hanfschnur (Schnur-verlauf siehe Einzelheit „A"). Achten Sie darauf, dass der Querstab genau ausbalan-ciert ist. Legen Sie das entstandene Kreuz auf eine ebene Unterlage. Richten Sie den Querstab rechtwinklig zum Längsstab aus. Es ist vorteilhaft, wenn Sie die Leisten fest-spannen können.

Das Spannen der Spannschnur beginnen Sie von oben am Längsstab. Messen Sie vorher grob die benötigte Schnurlänge und beginnen Sie beidseitig nach rechts und nach links. Die Art der Knoten ent-nehmen Sie Einzelheit „B" und „C".

Alle Holzverbindungen und alle Knoten werden mit Alleskleber gesichert.

Das Bucheinbindepapier zum Bespannen ist ca. 40 cm breit. Bei der vorliegenden Drachengröße müssen Sie 2 Streifen zu-sammenkleben.

Die aufgeklebte Sonne drücken Sie vom Vorlagebogen mit allen Gesichtszügen auf das Einbindepapier durch und schneiden sie aus. Das Gesicht ist mit einem dicken Filzstift gemalt. Kleben Sie die Sonne erst nach dem Bespannen auf.

Bringen Sie die Wirbel für die Stabilisie-rungsstreifen und den Schwanz nach Bild 8 und 9 auf Seite 10 an. Befestigen Sie die Waage nach Bild 1. Fertigen Sie einen Ma-schenschwanz nach Bild 5 an. Den Schwanz befestigen Sie erst kurz vor dem Start.

2. Schlittendrachen

Material
♦ 2 Buchen-Rundstäbe, Ø 6 mm,
  750 mm lang
♦ 1 großer Müllsack
♦ farbige Folie
♦ Klebefilm
♦ Drachenschnur
♦ 1 Schlüsselring

Werkzeug
♦ Metallsäge
♦ Schleifpapier
♦ Cutter
♦ Lochzange
♦ Schablone

Maße
Waagenlänge:
120–130 cm (aus einem Stück)

Bauanleitung
Schneiden Sie die Rundstäbe zu. Runden Sie die Stabenden mit Schleifpapier und legen Sie die Stäbe beiseite.

Fertigen Sie nach der Maßzeichnung aus dickem Karton eine Schablone an.

Schneiden Sie den Müllsack unten auf. Da die Schablone nur die Hälfte des Drachens darstellt, legen Sie den Müllsack doppellagig unter die Schablone. Schneiden Sie mit einem Cutter die Form aus. Wenn Sie den Müllsack jetzt aufklappen, haben Sie den kompletten Drachen vor sich.

Von hinten befestigen Sie mit Klebefilm andersfarbige Folie in den Ausschnitten 1, 2 und 3. Schneiden Sie die farbigen Flächen rundum 10 mm größer. Die Ausschnitte 4 bleiben offen. Sie stabilisieren den Drachen im Wind.

Schneiden Sie die Ecken links und rechts etwas ab. Befestigen Sie nach Einzelheit „A" das Verstärkungsstäbchen für die Waage.

Legen Sie die bereits zugeschnittenen Rundstäbe auf und kleben Sie sie nach Einzelheit „B" und „C" mit Klebefilm fest.

Der Schlittendrachen fliegt schon bei leichtem Wind. Seine halbrunde Form bekommt er allerdings erst im Flug.

3. Stern

Material

- ♦ 1 Fichten-Vierkantleiste, 6 x 6 x 580 mm
- ♦ 2 Fichten-Vierkantleisten, 6 x 6 x 500 mm
- ♦ dünne Hanfschnur
- ♦ Bucheinbindepapier
- ♦ Alleskleber, Klebefilm
- ♦ Kunststofffolie (für Stabilisierungsbänder und Schwanz)
- ♦ Drachenschnur
- ♦ 1 Schlüsselring
- ♦ 3 Anglerwirbel

Werkzeug

- ♦ Metallsäge, Schere
- ♦ Zollstock, Lineal
- ♦ Bleistift

Maße

Schwanzlänge: doppelter Bandschwanz ca. 5–8 m
Stabilisierungsband: ca. 60–80 cm lang
Zweischenklige Waage:
oben ca. 43 cm, unten ca. 53 cm

Bauanleitung

Kreuzverbindungen, gespannte Schnur, Bespannung, Schwanzbefestigung und Waage arbeiten Sie wie beim Spitzdrachen auf Seite 12. Beachten Sie hier nur Einzelheit „A" und „B". Die Stabilisierungsbänder fertigen Sie an wie auf Bild 11 zu sehen. Den doppelten Bandschwanz arbeiten Sie wie auf Bild 4 gezeigt.

4. Doppelter Rhombus

Material

- 1 Fichten-Vierkantleiste, 6 x 6 x 600 mm
- 2 Fichten-Vierkantleisten, 6 x 6 x 500 mm
- dünne Hanfschnur
- farbiges Transparentpapier
- Alleskleber, Klebefilm
- Drachenschnur
- 1 Schlüsselring
- 3 Anglerwirbel

Werkzeug

- Metallsäge, Schere, Cutter
- Zollstock, Lineal, Bleistift

Maße

Schwanzlänge: Quastenschwanz
ca. 2–3 m lang, bei stärkerem Wind länger
Stabilisierungsband: ca. 50 cm lang
Waage: oben ca. 43 cm, unten ca. 67 cm

Bauanleitung

Kreuzverbindungen, gespannte Schnur, Schwanzbefestigung und Waage arbeiten Sie wie beim Spitzdrachen auf Seite 12 beschrieben. Die Stabilisierungsbänder basteln Sie nach Bild 11.

Beim vorliegenden Drachen habe ich für Bespannung, Stabilisierungsbänder und Schwanz ausschließlich farbiges Transparentpapier verwendet.

Bevor Sie die Bespannung anbringen, müssen Sie zuerst die Ausschnitte schneiden und hinterkleben.

Die zu hinterklebenden Flächen schneiden Sie im Umriss 10 mm größer und kleben sie von hinten an der Bespannung mit Alleskleber fest.

Fertigen Sie einen Quastenschwanz nach Bild 6 und 10 an.

5. Rechteckiger Drachen

Material
♦ 2 Fichten-Vierkantleisten, 6 x 6 x 700 mm
♦ dünne Hanfschnur
♦ Geschenkpapier
♦ Alleskleber, Klebefilm
♦ Folienband
♦ Drachenschnur
♦ 2 Schlüsselringe
♦ Einstellhilfe für Waage:
  Buchen-Rundstab, Ø 8 mm, 38 mm lang
♦ 2 Anglerwirbel

Werkzeug
♦ Metallsäge
♦ Schere
♦ Zollstock
♦ Lineal

♦ Bleistift
♦ Metallbohrer

Maße
Schwanzlänge: 2 x einfacher
Bandschwanz 4–6 m
Dreischenklige Waage: oben je rechts und
links ca. 33 cm, unten ca. 36 cm

Bauanleitung
Kreuzverbindung, gespannte Schnur, Bespannung und Schwanzbefestigung arbeiten Sie wie beim Spitzdrachen auf Seite 12 beschrieben. Den einfachen Bandschwanz fertigen Sie doppelt an (siehe Bild 4). Die Dreischenklige Waage ist auf Seite 8 genau beschrieben.

6. Quadratischer Drachen

Material

♦ 2 Fichten-Vierkantleisten, 6 x 6 x 600 mm
♦ dünne Hanfschnur
♦ Geschenkpapier
♦ Kunststofffolie für den Maschenschwanz
♦ Alleskleber, Klebefilm
♦ Drachenschnur
♦ 2 Schlüsselringe
♦ 1 Einstellhilfe für Waage:
  Buchen-Rundstab, Ø 8 mm, 38 mm lang

Werkzeug

♦ Metallsäge
♦ Schere
♦ Zollstock, Lineal
♦ Bleistift

Maße

Schwanzlänge: Maschenschwanz ca. 2–3 m, bei stärkerem Wind länger
Dreischenklige Waage: oben je rechts und links ca. 28 cm, unten ca. 31 cm lang
Schwanzwaage: rechts und links je ca. 33 cm lang, aus einem Stück

Bauanleitung

Kreuzverbindung, gespannte Schnur und Bespannung arbeiten Sie wie beim Spitzdrachen auf Seite 12 beschrieben.
Den Maschenschwanz fertigen Sie wie auf Bild 4 und 5 zu sehen an.
Die Dreischenklige Waage ist auf Seite 8 ausführlich beschrieben.

7. Hexagon

Material

♦ 3 Fichten-Vierkantleisten, 6 x 6 x 600 mm
♦ dünne Hanfschnur
♦ Folie (für Bespannung und Schwanz)
♦ Alleskleber, Klebeband
♦ Drachenschnur
♦ 2 Schlüsselringe
♦ 1 Einstellhilfe für Waage:
   Buchen-Rundstab, Ø 8 mm, 38 mm lang
♦ 2 Anglerwirbel

Werkzeug

♦ Metallsäge
♦ Cutter, Schere
♦ Zollstock, Lineal
♦ Bleistift

Maße

Schwanzlänge: Bandschlaufenschwanz
insgesamt ca. 10 m lang
Dreischenklige Waage: oben je rechts und
links ca. 28 cm, unten ca. 32 cm lang

Bauanleitung

Die gespannte Schnur und die Schwanzbefestigung wird genauso wie beim Spitzdrachen auf Seite 12 gearbeitet.
Bevor Sie die Bespannung aufbringen, fertigen Sie mit dem Cutter zuerst den Ausschnitt an. Das Teil, das Sie hinterkleben,
schneiden Sie ringsum 10 mm größer. Auf
der Folie können Sie nur mit einem wasser-
festen Filzschreiber oder einem ganz wei-
chen Bleistift zeichnen. Geklebt wird alles
mit Klebefilm.
Den Bandschlaufenschwanz fertigen Sie
nach Bild 4 und 7. Die Dreischenklige Waage ist auf Seite 8 ausführlich beschrieben.
Zur Kreuzverbindung beachten Sie Einzelheit „A" auf dem Vorlagebogen.

8. Großes Hexagon

Material

- ♦ 2 Fichten-Vierkantleisten, 6 x 6 x 900 mm
- ♦ 1 Fichten-Vierkantleiste, 6 x 6 x 600 mm
- ♦ dünne Hanfschnur
- ♦ farbiges Transparentpapier
- ♦ Alleskleber, Klebefilm
- ♦ Drachenschnur
- ♦ 2 Schlüsselringe
- ♦ 1 Einstellhilfe für Waage: Buchen-Rundstab, Ø 8 mm, 38 mm lang
- ♦ 2 Anglerwirbel
- ♦ 8 Schnurhalter: Fichten-Vierkantleiste 6 x 6 x 20 mm (siehe Einzelheit „B")

Werkzeug

- ♦ Metallsäge
- ♦ Schere
- ♦ Zollstock
- ♦ Lineal
- ♦ Bleistift
- ♦ kleine Bastlerschraubzwinge
- ♦ Cutter
- ♦ Holzleim

Maße

Schwanzlänge: Maschenschwanz 2–3 m, bei stärkerem Wind länger
Stabilisierungsband: ca. 40 cm lang
Dreischenklige Waage: oben je rechts und links ca. 30 cm, unten ca. 35 cm
Schwanzwaage: links und rechts ca. 30 cm, aus einem Stück

Bauanleitung

Dieser Drachen ist nichts für eilige Leute. Auch erfordert er etwas Geduld. Für die Schnurverbindung in der Mitte sehen Sie sich Einzelheit „A" bei 7. Hexagon an.

Der Schnurhalter (siehe Einzelheit „B") ist ein aufgeleimtes Klötzchen mit eingesägtem Absatz, der die Schnur hält. Zeichnen Sie sich die Lage an und leimen Sie die Klötzchen mit Holzleim vor dem Zusammenbinden des Gerüstes an. Zum Spannen verwenden Sie eine Bastlerschraubzwinge. Lassen Sie den Leim gut trocknen.

Binden Sie die Leisten zusammen. Wenn Sie sich auf Ihrer Unterlage die Lage der Stäbe aufzeichnen, erleichtert Ihnen das die Arbeit sehr.

Den Schnur-Kreuzungspunkt bei Einzelheit „C" entnehmen Sie der Zeichnung 3. Stern, Einzelheit „B" auf dem Vorlagebogen.

Die zusammengesetzten, aus farbigem Transparentpapier gefertigten Flächen kleben Sie vor dem Bespannen zusammen. Den sechseckigen Ausschnitt im Stern schneiden Sie ebenfalls vorher mit einem Cutter. Das hinterklebte Teil lassen Sie ringsum 5–8 mm größer.

Die Zackenstreifen oben quer, rechts und links schneiden Sie nach Ermessen. Falten Sie den Rand zum Kleben um die Schnur. Gehen Sie mit dem Kleber sparsam um,

sodass die Schnur trocken bleibt. Dadurch können die Streifen im Wind flattern und sich um sich selbst drehen.

Den Maschenschwanz fertigen Sie nach Bild 4 und 5. Die Dreischenklige Waage ist auf Seite 8 ausführlich beschrieben.

Für die Stabilisierungsbänder sehen Sie sich Bild 8 und 11 an.

9. Hexagon Katze

Material
♦ 2 Fichten-Vierkantleisten, 6 x 6 x 750 mm
♦ 1 Fichten-Vierkantleiste, 6 x 6 x 600 mm
♦ dünne Hanfschnur
♦ Bucheinbindepapier
♦ Alleskleber, Klebefilm
♦ Kunststofffolie für Schwanz
♦ Drachenschnur
♦ 2 Schlüsselringe
♦ 1 Einstellhilfe für Waage:
   Buchen-Rundstab, Ø 8 mm, 38 mm lang
♦ 2 Anglerwirbel

Werkzeug
♦ Metallsäge, Schere
♦ Zollstock, Lineal
♦ Bleistift, dicker Filzstift

Maße
Schwanzlänge: 2 x Bandschwanz
3–4 m lang
Dreischenklige Waage: oben je rechts und
links ca. 40 cm, unten ca. 42 cm

Bauanleitung
Beim Aufbau des Gerüstes sowie bei der
Bespannung gehen Sie wie beim Hexagon
auf Seite 20 vor. Zusätzlich bringen Sie
noch die 3 Spannschnüre für die Ohrenkon-
tur an. Sichern Sie diese Knoten mit Klebstoff. Die Umrisse der Ohreninnenflächen,
der Augen und der Nase entnehmen Sie
dem Vorlagebogen. Drücken Sie die Pupillen
mit durch. Malen Sie Pupillen, Schnurrhaare
und Mund mit einem dicken Filzstift auf.
Das Anbringen der Waage ist auf Seite 7
ausführlich beschrieben. Für die Schwanzbefestigung sehen Sie sich Bild 9 an.
Den einfachen Bandschwanz basteln Sie
nach Bild 4 und 7.

10. Bogenspitzdrachen

Material

♦ 1 Fichten-Vierkantleiste, 6 x 6 x 700 mm
♦ 1 glasfaserverstärkter Rundstab,
  Ø 3 mm, ca. 850 mm lang
♦ dünne Hanfschnur
♦ farbiges Transparentpapier
♦ Alleskleber, Klebefilm
♦ Drachenschnur
♦ 1 Schlüsselring
♦ 3 Anglerwirbel

Werkzeug

♦ Metallsäge
♦ Schere
♦ Zollstock
♦ Lineal
♦ Bleistift
♦ Cutter
♦ kleine Vierkantfeile

Maße

Schwanzlänge: Quastenschwanz
2–3 m, bei stärkerem Wind länger
Quastenlänge am Querstab: ca. 25 cm
Zweischenklige Waage:
oben ca. 47 cm, unten ca. 64 cm

Bauanleitung

Fertigen Sie zuerst den Bogen an. Den glasfaserverstärkten Rundstab lassen Sie etwas länger und schneiden ihn erst nach dem Befestigen der Schnur ab. Für diese Arbeit brauchen Sie einen Helfer.

Für die Spannschnur feilen Sie eine kleine Kerbe ein. Der Knoten wird mit Klebstoff gesichert und gut trocknen lassen (siehe Einzelheit „A"). Den Bogen befestigen Sie am Längs- und Querstab nach Einzelheit „B" und „C".

Dann wird die Bespannung angebracht. Die Ausschnitte in der Bespannung und das Hinterkleben der bunten Felder machen Sie vorher. Die hinterklebten Flächen sind rundum ca. 5–8 mm größer geschnitten.

Zur Quastenherstellung und zur Befestigung sehen Sie sich Bild 8 und 10 an.

Die Zweischenklige Waage arbeiten Sie nach Bild 1.

Als Schwanz arbeiten Sie einen Quastenschwanz. Die Schwanzbefestigung und seine Herstellung ist auf Bild 6 und 9 erklärt.

11. Spitzes Rechteck

Material
♦ 1 Fichten-Vierkantleiste, 6 x 6 x 800 mm
♦ 1 Fichten-Vierkantleiste, 6 x 6 x 600 mm
♦ 1 Fichten-Vierkantleiste, 6 x 6 x 500 mm
♦ dünne Hanfschnur
♦ Folie (für Bespannung, Stabilisierungsbänder und Schwanz)
♦ Alleskleber, Klebefilm
♦ Drachenschnur
♦ 1 Schlüsselring
♦ 3 Anglerwirbel
♦ 2 Schnurhalter: Fichten-Vierkantleiste
  (Einzelheit „C"), 6 x 6 x 20 mm

Werkzeug
♦ Metallsäge
♦ Schere
♦ Zollstock
♦ Lineal
♦ Bleistift
♦ Cutter
♦ kleine Schraubzwinge
♦ Holzleim

Maße
Schwanzlänge: doppelter Bandschwanz
ca. 4 m lang
Stabilisierungsband: ca. 60 cm lang
Zweischenklige Waage:
oben ca. 40 cm, unten ca. 50 cm

Bauanleitung
Die Schnurverbindungen „A" + „B" sind wie beim Spitzdrachen auf Seite 12 beschrieben.
Die Einzelheit „C", aufgeleimte Schnurhalter, entnehmen Sie bitte 8. Hexagon, Einzelheit „B".

Befestigen Sie am oberen verlängerten Querstab links und rechts je einen Wirbel für die beiden bunten Stabilisierungsbänder aus Folie.

Feilen Sie eine kleine Rille ein, damit die Schnur nicht rutscht. Sichern Sie die Knoten mit Klebstoff, damit sie sich im Flug nicht lösen.

Den Schwanz bringen Sie nach Bild 9 an. Die Befestigung der Waage entnehmen Sie Bild 1. Fertigen Sie einen doppelten Bandschwanz nach Bild 4 und 7 an.

12. Kastendrachen

Material

- 4 Fichten-Vierkantleisten, 6 x 6 x 700 mm
- 4 Fichten-Vierkantleisten,
  6 x 6 x ca. 350 mm
- 8 Fichten-Vierkantleisten, 6 x 6 x 20 mm
- Bucheinbindepapier
- Drachenschnur
- 1 Schlüsselring

Werkzeug

- Metallsäge
- Schere
- Zollstock
- Lineal
- Bleistift
- kleine Bastlerschraubzwingen
- Holzleim
- kleine Vierkantfeile

Maße

Zweischenklige Waage:
oben ca. 40 cm, unten ca. 65 cm lang

Bauanleitung

Schneiden Sie 4 gleich lange Leisten nach der Maßangabe zu. Anschließend fertigen Sie 8 Spreizstabhalter von 20 mm Länge.
Stoßen Sie die Gerüststäbe an einer Leiste an, sodass sie alle gleich liegen. Dann zeichnen Sie die Lage der Klötzchen an und leimen sie auf (siehe Einzelheit „A"). Spannen Sie das Ganze mit kleinen Bastlerschraubzwingen. Achten Sie darauf, dass sich die Klötzchen beim Spannen nicht verschieben oder verdrehen. Lassen Sie den Leim gut trocknen. Markieren Sie die Gerüststäbe mit 1, 2 und 1, 2 nach Einzelheit „A". Legen Sie die Stäbe beiseite.
Schneiden Sie jetzt 4 Spreizstäbe von ca. 350 mm Länge ab. Umwickeln Sie die En-

den mit mindestens 3 Lagen Klebefilm gegen Aufsplittern und feilen Sie mit der Vierkantfeile eine Kerbe ein (siehe Einzelheit „B"). Die genaue Länge kann erst nach dem Bespannen des Drachens ermittelt werden. Legen Sie die Teile beiseite.
Bucheinbindepapier gibt es auf Rollen von 400 mm Breite. Schneiden Sie 2 Streifen von 200 mm Breite und 1010 mm Länge ab. Kleben Sie die blauen Streifen auf. Lassen Sie alles gut trocknen.
Auf der Rückseite der Streifen machen Sie, nach Einzelheit „A", 3 Striche im Abstand von 250 mm. Nach Einzelheit „A" kleben Sie nun die Gerüststäbe in der Reihenfolge 1, 2 und 1, 2 auf den Papierstreifen. Die Stäbe stehen 20 mm über. Beschweren Sie das Ganze und lassen Sie es gut trocknen. Genauso verfahren Sie beim zweiten Papierstreifen.
Knicken Sie das Papier von Leiste 1 nach 2 und von 1 nach 2 um und kleben Sie es an der zweiten Fläche des Stabes fest. Wenn das Papier etwas störrisch ist, legen Sie eine Restleiste auf und spannen es am oberen und unteren Papierrand mit je einer Wäscheklammer fest. Lassen Sie den Klebstoff gut trocknen.
Sie haben jetzt ein ungefähres offenes Quadrat. Auf einer Seite ist das Bespannmaterial 10 mm länger. Knicken Sie die 10 mm um, sie sind die Verschlussstelle, und kleben Sie sie mit Hilfe einer Restleiste und Wäscheklammern fest.
Wenn diese entscheidende Klebestelle trocken ist, kleben Sie noch einen Streifen Klebefilm darüber (siehe Einzelheit „C").
Passen Sie nun die Spreizstäbe ein. Diese Arbeit erfordert etwas Geduld und einen Helfer. Schneiden Sie die Stäbe auf das un-

gefähr gemessene Maß ab. Durch mehrmaliges Probieren passen sie nach einigen Versuchen. Aber nochmals Geduld, Geduld! Es ist durchaus möglich, dass die Stäbe in der Länge leicht unterschiedlich ausfallen.

Die Drachenwaage befestigen Sie im Bereich der Spreizstäbe. Kleben Sie außen auf das Bespannpapier an der maßgeblichen Stelle einen Klebefilm zur Verstärkung auf. Stechen Sie mit einer Nadel von außen 2 Löcher und ziehen Sie die Schnur durch. Machen Sie von außen einen doppelten Knoten und sichern Sie ihn mit Klebstoff.

Bringen Sie den Ring für die Drachenschnur nach Einzelheit „D" an.

Als letztes binden Sie die Spreizstäbe am Kreuz nach dem Prinzip des Spitzdrachens zusammen (siehe Einzelheit „E").

Die Knoten werden ebenfalls mit Klebstoff gesichert.

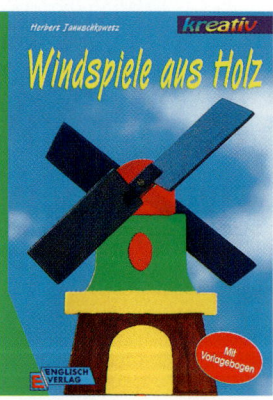